1日1分見るだけで
記憶力がよくなる
すごい写真

記憶力インストラクター
吉野邦昭

SB Creative

人の名前が出てこない、買い物忘れが増えた、
会話の中に「あれ」や「それ」が増えてきた、
いま何をしようとしたか忘れてしまう、
家の鍵どこに置いたんだっけ……。

「年を取って、忘れっぽくなってきた……」

という声をよく聞きます。

あなたも、**物忘れ**を何とかしようと色々と試したと思います。

でも、**よくなりましたか？**
うまくいかなかった理由、

その大きな原因は「面倒くさかったから」
ではないでしょうか。

脳トレをしたり、

食事や運動、生活習慣を
改善しないといけなかったり……。

最近では、**見るだけでできるドリル**
という本もあります。

しかし、本当に「見るだけ」でできましたか？
本当に物忘れはなくなりましたか？

結局、うまくいかないのは、

①面倒or難しくて続かない
②本当に効果があるのかが疑問

この2つが原因ではないでしょうか。

でも大丈夫です！

このような問題を解決するために
作られたのがこの本なのです！

この2つの問題を解決するために
この本で提案しているのが、
チェック柄のように
メッシュ（分割の線）の入った
「**16分割写真**」という写真です。

「こんな分割しただけの写真で
本当に物忘れがなくなるの？」
そう思ったかもしれませんが、
安心してください。

効果は実証済みです。

まず、やり方を簡単に説明しましょう。
分割された写真の一つひとつのコマを、
指定された時間見て、
次のコマに移っていくだけです。

1 1コマ目を指定された時間見る。
2 次のコマに移って、また指定された時間見る。
3 最後のコマまで2を繰り返す。

しかも、1日写真1枚だけでOK。

写真を見ている時間が約30秒。
その後、見た写真に関する質問に答えていただきます。
これが約30秒ですので、1日1分でできます。

この本さえあれば、家事の合間や仕事の休憩時間、
電車の中など、ちょっとした隙間時間に、

どこでも・簡単・
楽しくできるのです。

写真を見るだけですから、
「①面倒or難しくて続かない」
といったことは
ありませんよね！

しかし、いくら続けられたとしても、
効果がなければ意味がありません。

その点、この「16分割写真」は、

科学的エビデンスに
基づいています。

16分割写真は、
米国のトップ大学である
MIT（マサチューセッツ工科大学）
の脳科学研究を基に私が開発したものです。

MITは、ご存じの方も多いと思いますが、

マサチューセッツ工科大学

世界大学ランキング9年連続1位※
のまさに世界最高峰の研究機関です。

ちなみに同ランキングで、
スタンフォード大学は2位、
ハーバード大学は3位です。

そして、この16分割写真、

実際に1082人の人に実践をしてもらいました。

すると何と96・4%の人が
効果を実感したと回答したのです。

ですから、「②本当に効果が
あるのか疑問」についても
解決した方法なのです!

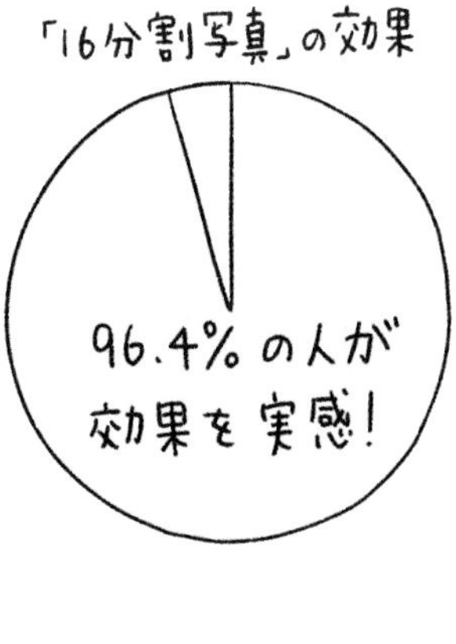
「16分割写真」の効果
96.4%の人が
効果を実感!

これなら
できる!

※ QS World University Rankings 2021より

なぜメッシュ（分割の線）の入った
写真を見るだけで記憶力が高まるのか？

あなたは物忘れをしてしまったとき、
「何で忘れてしまったんだろう」
などと思っていませんか？

その認識自体が間違っています。

実は物忘れをしてしまう本当の原因は

**「忘れたからではなく、
そもそも覚えていない」**

ことにあります。

例えば、家の鍵をどこに置いたか忘れてしまったのであれば、
実は思い出せないことが原因なのではなく、

鍵を置いたその瞬間の
自分の行動に
集中していないが故に、

そもそも最初から覚えてすらいない
ことが本当の原因なのです。

つまり、**記憶力とは「行動への集中力」**
なのです。

16分割写真では、1枚の写真を分割し、
1コマずつに情報を限定して見ることで、

「行動への集中力」を
科学的に高めて
くれるのです。

＼全国から／
体験者の喜びの声が続々！

電車でやるだけで、「あれ」や「これ」が0に！

松浦朋美（40代・女性）

最近、「あれ」とか「これ」「それ」、「あの人」や「この人」など代名詞ばかりの自分に不安を感じていました。

「16分割写真」は電車の中でよくやりました。1日に1枚1分だけです。

なのに、2週間後くらいから、自分でも目に見えて「あれ」や「これ」などが減っているのが実感できたんです！

成功した理由？　何でしょうかね～。これまでも脳トレみたいなことはしてきましたが、「行動への集中力」というのは初めて聞きました。たぶん、物忘れは時間や労力をかければよくなるものじゃなくて、短くてもいいから「行動への集中力」を高めることが重要なのかもしれません。

いつの間にか人の名前がどんどん出てくる！

野沢隆宏（70代・男性）

人の名前が出てこなくなったのは恐らく五十前からだったように思います。その頃は若年性アルツハイマーかと不安になったものですが、20年ほどたった今、名前忘れがより頻度を増しているのは確かでした。

「16分割写真」は、朝食後と晩飯後にやりました。１日１枚でいいと言われているのに、早く効果を感じたいのと、単純にやるのが楽しくて、１日２枚ずつ２週間で完了してしまいました（笑）。

１週間たった頃からでしょうか。家内と話しながら、すらすらと人の名前が出てくるのです。特にうれしかったのが、もう30年近く会っていない職場の元同僚の名前すら、自然と出てきたことでした。

楽しいから続けられて、記憶力up！

坂本愛子（60代・女性）

私も夫も認知症が気になる年代、60代です。最近、ど忘れがひどくて、あんなに好きなはずの趣味の映画の話でさえも、突然思い出せなくなってきました。私も認知症予備軍なのかなと、そのことばかりが気になって、何だか毎日が不安でいっぱいでした。

「16分割写真」は、ゲーム感覚でできて、こんなに楽しい方法は初めてです！　最初は１人でやっていたのですが、夫が「一緒にやろう！」としつこく言ってくるので、２人一緒に楽しくやっています（笑）。

ど忘れは確実になくなっているのを実感。認知症の不安もなくなって、久しぶりに趣味に没頭しています！

ウソみたい……勝手に物忘れがなくなってた！

清田 翔（40代・男性）

最近、息子から「お父さん、その話3回目だよ」と言われてドキッとしました。自分が同じ話をしていることにすら気づいていなかったのです。

正直、最初「16分割写真」を見たときは「本当に効いているのかな？」と半信半疑でした。あまりに簡単すぎたからです。実際、仕事の休憩時間にやっただけで、手間はかかりませんでした。

「お父さん、最近、同じ話しなくなったね」と言われたときは、喜びを隠せませんでした（笑）。しかも、自分自身が効果を自覚する前に、息子から先に言われたのです。「16分割写真」は、これくらい簡単で、インパクトのあるものなんだと身に染みてわかりました。

集中力まで上がり、仕事もはかどる！

種井健人（50代・男性）

デスクワークをしていますが、PCを操作していると「今、何をしようとしていたんだっけ」となり、明らかに作業効率が落ちていました。

「16分割写真」は「行動への集中力」にアプローチしますから、仕事もとにかくはかどる！　周りにも勧めています（笑）。

家族で楽しく記憶力up！

沢田芳子（40代・女性）

最近、買い物忘れがひどくなってきたと感じて「16分割写真」にトライしました。「16分割写真」は薬を飲むみたいに夕食後にやると決めただけで簡単に習慣化できました。

今では買い物忘れはほとんどなくなりました。夫と小学生の息子と娘もはまってしまい、今では家族みんなで一緒に行なっています。

頭のモヤモヤがなくなった！

松尾ふみ（50代・女性）

これまでもボケ対策に、音読や計算など試してきましたが、続かないし、効果も感じられませんでした。

「16分割写真」をやると、ものを思い出せないときの、あの頭のモヤモヤがスッキリなくなる感覚があります。

80代の母にもプレゼントしました。

たった２週間で本当に効いた！

清水美奈子（30代・女性）

家事をしていて、掃除機を取りに別の部屋に行ったら、「あれっ私、何しに来たんだっけ……」。「まだ30代なのに……」ととても不安になりました。

「16分割写真」は家事の合間に１日１枚１分だけやりました。２週間たった頃からサッと「集中モード」に入れるような感覚にびっくりしたのを覚えています。

家の鍵にスマホ……置き忘れ解消！

中井 克（60代・男性）

何だか最近、家の鍵をしょっちゅうなくし、スマホもカフェに置き忘れて、あるはずのない鞄をずっと探している始末……。自分も認知症になってしまうのではと毎日、怖かったです。

「16分割写真」は、散歩の途中に公園で行なっていました。持ち運びも便利だし、いつでもどこでもできるのがうれしく、疲れたりもしませんでした。

今では、置き忘れもなくなり、無駄に探し物をしていた時間もなくなりましたので、毎日1日を有効活用できている充実感まで生まれてきました。

怒りっぽかったのも自然となくなったように思います。認知症への恐怖もなく、何だか毎日が本当に楽しいです。

「16分割写真」4つのポイント

Point 1　1日1回1分でOK

1日写真1枚でOK。写真を見ている時間が約30秒。その後、見た写真に関する質問に答えていただきます。これが約30秒ですので、1日1分でできます。

Point 2　28日＝4週間プログラム

合計28枚の写真がありますので、28日＝4週間でできるように設計されています。早い人だと、1週目で効果を実感できる場合もあります。

Point 3　年齢制限なし

写真に関する質問を理解できるならば、何歳からでもOK！　小さな子供からおじいちゃん、おばあちゃんまで、家族みんなで一緒にゲーム感覚で楽しめます。

Point 4　いつでもどこでも

朝でも、通勤中の電車でも、夜のリラックスタイムでも、室内でも屋外でも！　持ち運びも便利なサイズなので、1分間だけあれば、いつでもどこでもできます。

Contents

まずは「すごい写真」の例題をやってみよう！

なぜ「16分割写真」で記憶力がアップするのか？　それは冒頭でも触れましたように、「行動への集中力」がアップするからです。

私たちは、目や耳に入ったものはスグ記憶されると思い込んでいますが、それは誤りです。覚える対象に集中して「見る」「聞く」して初めて記憶されるのです。

現代人は情報過多……近年は〝持ち歩ける〟情報端末であるスマホの普及のために情報の波にのまれ、「行動への集中力」が著しく低下しています。その結果、物忘れに悩む人が増えているのです。

少し試してみましょう。次の写真を30秒見て、その後の質問に答えてください。

Hollywood Bl
6800 W
BOWL
OUTFRONT / JCDecaux
Hollywood
WAX
MUSEUM
MOST VISITED
ATTRACTION
SINCE 1965
CROSS
ON
WALK
SIGNAL
ONLY
StarLine
Hop On
Hop Off
CitySightseeing
DOWNTOWN L.A. TOUR
Politician
NETFLIX

例題1

Question

Q1 横断歩道の残り時間は何秒でしたか？

Q2 左の歩道のオレンジのシャツの男性のくつの色は？

Q3 バスの2階の最前列には、何人座っていましたか？

※答えは、P23に掲載

どうでしたか？　案外覚えていませんよね。中には「そんなの、あった？」という方もいらっしゃるかもしれません。全問答えられたという方は、かなり「行動への集中力」が高い方です！

「え？　全然できない、どうしよう……」と思った方、大丈夫です。これができる人はなかなかいませんので、まったく心配いりません。

では、次の写真はどうでしょうか。

次の写真は16分割され、所々モザイクがかかっています。どこからでもよいので、モザイクのないコマを順番に、1コマ4秒ずつ見て、その後の質問に答えてください。

例題2

Question

Q1　電車の屋根にアメリカ国旗は、何本立っていましたか？

Q2　電車の車番は、何番でしたか？

Q3　右側中央のサングラスの男性の帽子は何色でしたか？

※答えは、P23に掲載

どうでしょう？　先ほどよりは答えられたのではないでしょうか。

写真を小さく分割し、情報を限定させることで、見る瞬間の自分の行動に集中できたのです。さらに、最初はモザイクを入れ、コマ数を制限。隣のコマに集中が散らないようにしています。

4週間＝28日で徐々に難易度を上げるので、誰でも簡単にできるよう設計しています。

「例題2ですら、1問も解けなかった……」という方、大丈夫です！

この「16分割写真」は、正解することよりも、「取り組むこと自体」に効果があります。たとえ1問も解けなくても確実に皆さんの記憶力はアップしているので安心してください。

1st week :「16分割＋モザイクあり」× 7 枚

Day4

2nd week :「16分割のみ」× 7 枚

Day11

3rd week :「4 分割＋モザイクあり」× 7 枚

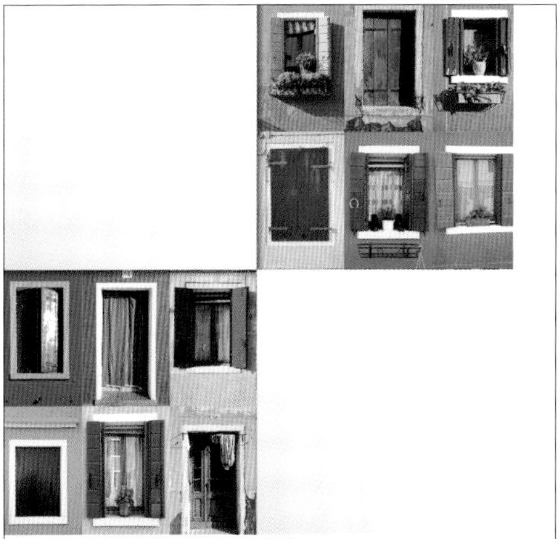

Day15

4th week :「4 分割のみ」× 7 枚

Day27

MITの脳科学研究に基づき、96・4%が効果を実感した記憶力回復法

物忘れの根本的原因「行動への集中力」を科学的に高める方法はないかと、私は死に物狂いで調査を始めましたが、日本で「これだ！」というものは発見できませんでした。そこで、多数の「記憶」に関する海外論文と医学書を読み漁ったのです。

そんな日々が続いたある日、ある論文に行きつきました。それが、認知研究の第一人者であるMIT（マサチューセッツ工科大学）のMary Crawford Potter 名誉教授の研究[1]でした。

その論文によると、目に入った視覚情報は0・1秒程度で認識されますが、長期記憶化されるにはさらに0・3秒見ることが必要だとのことでした。すなわち、1つの視覚情報を長期的に保持するには、ザーッと見るのではなく、じっと（合計0・4秒以上）注視する必要があるとい

うのです。この論文は、記憶に関する他の多くの論文に引用されていることからも、とても重要な研究結果だということがわかります。

「16分割写真」はこの論文を基に私が考案し、1082人に実践してもらったところ、96・4％の人から「効果を実感した」という回答を得ることができました。

こう聞くと、「16分割写真は、視覚情報しか物忘れをなくせないのでは？」と思う方もいるかもしれませんが、それは違います。「16分割写真」は視覚自体を強化するというよりも、より本質的に自分の一瞬一瞬の行動への集中力を高めるものです。ですから、それが耳や別の五感から入った情報であれ、記憶力を高めます。

さぁ、いよいよ次のページから「16分割写真」の開始です。この本を毎日開いて、元気いっぱいの毎日を過ごしてください！

P17〜P18例題１の答え

Q1：19秒

Q2：赤

Q3：３人

P19〜P20例題２の答え

Q1：２本

Q2：27

Q3：黒

記憶力がよくなるすごい写真

1st week［第1週］

次の見開きの右ページ

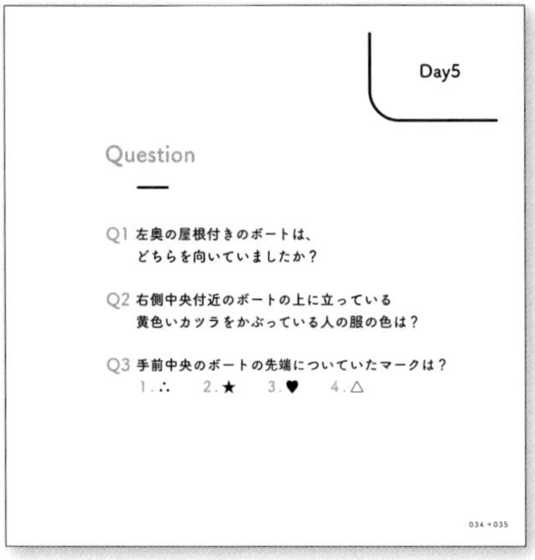
Day5

Question

Q1 左奥の屋根付きのボートは、
どちらを向いていましたか？

Q2 右側中央付近のボートの上に立っている
黄色いカツラをかぶっている人の服の色は？

Q3 手前中央のボートの先端についていたマークは？
1.∴　2.★　3.♥　4.△

034→035

ページをめくると

左ページ

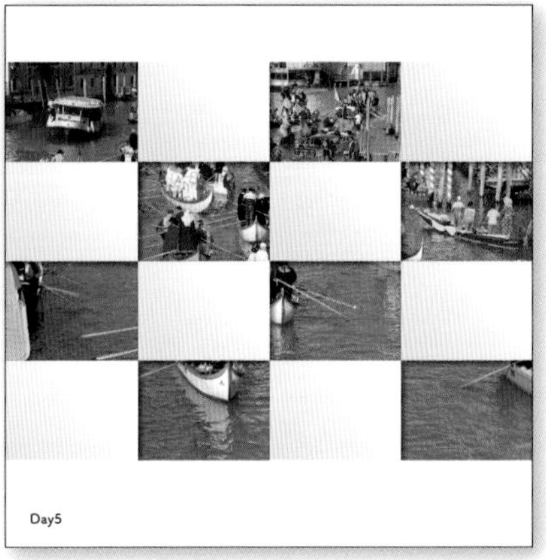

Day1 ～ Day7のやり方

1. Day1 ～ Day7では、「16分割＋モザイクあり」の写真に取り組んでいただきます。

2. 左ページに取り組んでいただく写真があります。モザイクのないコマを1コマ4秒、計32秒見てください。どのコマからスタートしても大丈夫ですが、飛ばさないよう、順序よく見てください。

3. ページをめくると、次の見開きの右ページにその写真への質問がありますので、答えてください。
※ Day1 ～ Day7の答えはP 39。

4. 徐々にモザイクのパターンも変化させていきますので、楽しんでください！

Day1

Day1

Question

Q1 Transfer(乗り換え)はどちら方向に行けばよいですか？

Q2 有名ブランドの名前が1つありました。何ですか？

Q3 写真右の時計の長針はどの数字を指していましたか？

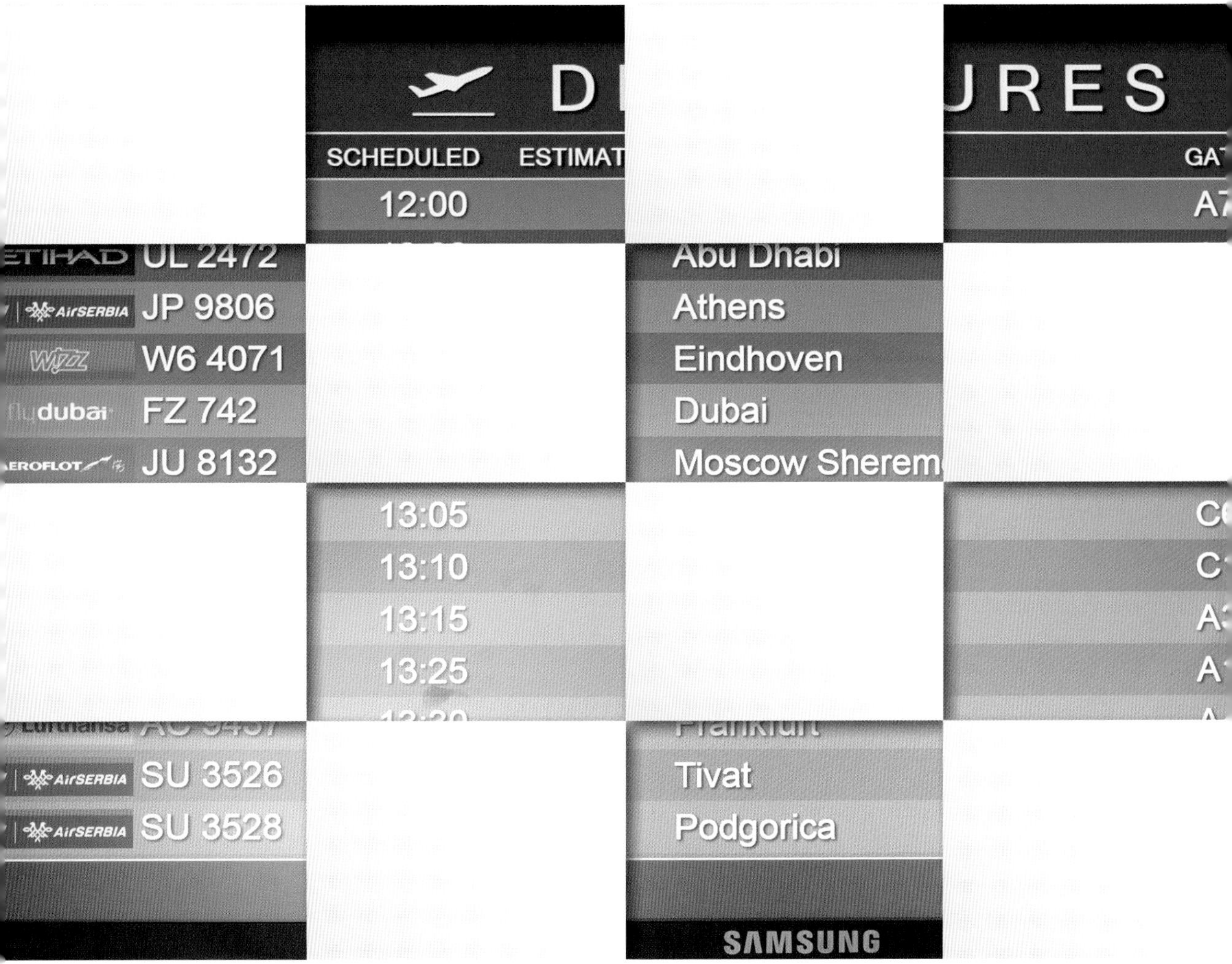
SCHEDULED
12:00
UL 2472
JP 9806
W6 4071
FZ 742
JU 8132
Abu Dhabi
Athens
Eindhoven
Dubai
13:05
13:10
13:15
13:25
SU 3526
SU 3528
Tivat
Podgorica
SAMSUNG

Day2

Day2

Question

Q1 今、時刻は何時頃ですか？

1. 早朝　2. 昼　3. 深夜

Q2 掲示板のメーカーはどこですか？

1. Panasonic　2. SONY　3. SAMSUNG

Q3 12:00発の便に乗るには何番ゲートに行けばよい？

Day3

Day3

Question

Q1 記念写真を撮っている５人のうち、
見えている３人の中でサングラスをかけているのは
何人？

Q2 右側中央を向こうに向かって歩いている女性の服は？
1.黄色のスカート　2.赤いパンツ　3.青のパンツ

Q3 左の中央で腰かけている白いシャツの男性は、
サングラスをかけている？

Day4

Day4

Question

Q1 左手前に座っているカップルの、
女性のくつは何色でしたか？

Q2 右手前に座っている男性は、何をしていましたか？

Q3 こちらを向いている黄色いセーターの少女の胸元には
何がありましたか？

Day5

Day5

Question

Q1 左奥の屋根付きのボートは、
どちらを向いていましたか？

Q2 右側中央付近のボートの上に立っている
黄色いカツラをかぶっている人の服の色は？

Q3 手前中央のボートの先端についていたマークは？
1. ∴　2. ★　3. ♥　4. △

Day6

Day6

Question

Q1 左上の尖った塔のてっぺんのオブジェの形は？

Q2 列の左をこちらに向かって歩いている人の性別は？

Q3 路面は？

1.アスファルト　2.砂利　3.石畳

Day7

Question

Q1 全部で何人写っていますか？

Q2 一番左のおなかを出して写っているのは、
男の子、女の子？

Q3 片手だけ挙げているのは、何人いますか？

1st week［第 1 週］の答え

Day1

Q1 直進

Q2 CHANEL

Q3 6

Day2

Q1 2.昼

Q2 3.SAMSUNG

Q3 A7

Day3

Q1 2人

Q2 2.赤いパンツ

Q3 かけていない

Day4

Q1 ピンク

Q2 電話

Q3 サングラス

Day5

Q1 手前方向

Q2 赤（赤と白も可）

Q3 1.∴

Day6

Q1 ★（星）

Q2 女性

Q3 3.石畳

Day7

Q1 9人

Q2 女の子

Q3 4人

記憶力がよくなるすごい写真

2nd week［第2週］

次の見開きの右ページ

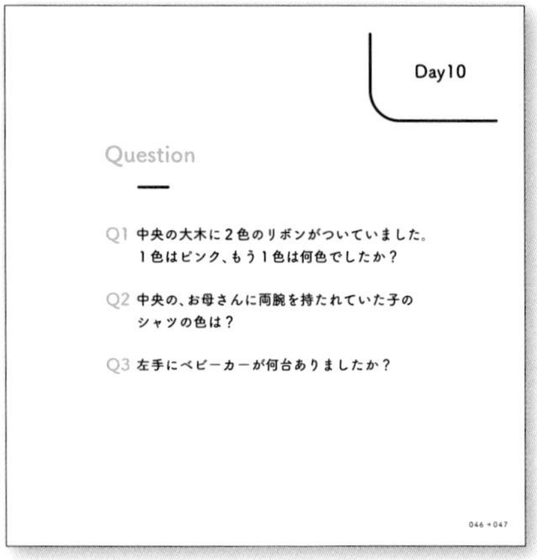
Day10

Question

Q1 中央の大木に2色のリボンがついていました。1色はピンク、もう1色は何色でしたか？

Q2 中央の、お母さんに両腕を持たれていた子のシャツの色は？

Q3 左手にベビーカーが何台ありましたか？

046→047

ページをめくると

左ページ

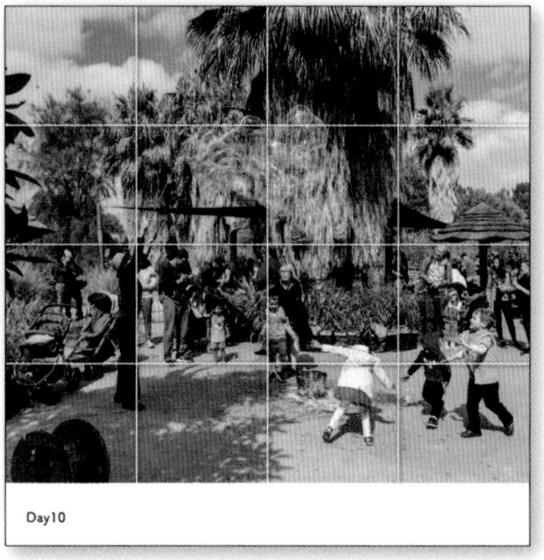

Day8 ～ Day14のやり方

1. Day8 ～ Day14では、「16分割のみ」の写真に取り組んでいただきます。

2. 左ページに取り組んでいただく写真があります。細い線で区切ったコマを1コマ2秒、計32秒見てください。どのコマからスタートしても大丈夫ですが、飛ばさないよう順序よく見てください。

3. ページをめくると、次の見開きの右ページにその写真への質問がありますので、答えてください。

※ Day8 ～ Day14の答えはP55。

Day8

Day8

Question

Q1 同じ色の気球が2個並んで飛んでいました。何色ですか？

1.黄　2.緑　3.青　4.赤

Q2 全部で気球は何個写っていましたか？

Q3 一番高く飛んでいた気球の色は？

1.白　2.黒　3.赤　4.青

Day9

Day9

Question

Q1 左の歩道の女性の上着の色は？

Q2 右手前の建物の壁は何色ですか？

Q3 左手前の建物の１階の壁は肌色でした。
２階の壁の色は？

Day10

Question

Q1 中央の大木に２色のリボンがついていました。
１色はピンク、もう１色は何色でしたか？

Q2 中央の、お母さんに両腕を持たれていた子の
シャツの色は？

Q3 左手にベビーカーが何台ありましたか？

Primera feria
cultural y productiva
OXAPAMPA
Reserva de Biosfera

Day11

Question

Q1 踊っていた男性のくつの色は？

Q2 会場の向こうの高い建物は何色でしたか？
1. 白　2. 黒　3. 青　4. 赤

Q3 3色の三角旗がありました。白と緑ともう1色は？

Day12

Question

Q1 バンドメンバーは何人いますか？

Q2 一番右の人が持っていた楽器は何でしたか？

Q3 「P」の道路標識の下には何と書いてあった？
1. 62-NI-83　2. 15-FH-67　3. 69-DK-39

Day13

Question

Q1 右下に、風船がありました。その色は？

Q2 真ん中手前に座っている金髪の子のリュックの色は？

Q3 一番手前に立っている男性のかばんは、
どんな形でしたか？

1．ショルダータイプ　2．リュックタイプ
3．ビジネスバッグ　4．ポーチ

Day14

Question

Q1 左に立っている先生は、
何色のカーディガンを着ていましたか？

Q2 バスのフロントガラスの上には、
何と書いてありましたか？

Q3 列の最後尾の子供の服は、長袖／半袖、
どちらでしたか？

2nd week［第2週］の答え

Day8

Q1 2.緑

Q2 12個

Q3 3.赤

Day9

Q1 紫

Q2 赤

Q3 水色

Day10

Q1 水色

Q2 水色

Q3 2台

Day11

Q1 黒

Q2 1.白

Q3 青

Day12

Q1 5人

Q2 サックス

Q3 1.62-NI-83

Day13

Q1 オレンジ

Q2 赤

Q3 1.ショルダータイプ

Day14

Q1 緑

Q2 SCHOOL BUS

Q3 長袖

記憶力がよくなるすごい写真

3rd week ［第3週］

次の見開きの右ページ

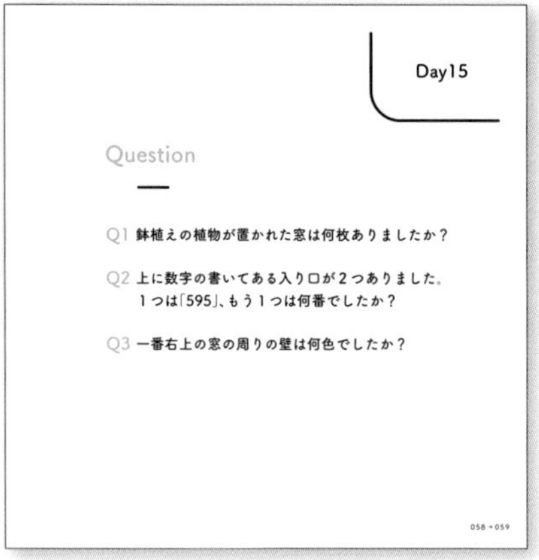

ページをめくると

左ページ

Day15 ～ Day21のやり方

1. Day15 ～ Day21では、「4分割＋モザイクあり」の写真に取り組んでいただきます。
2. 左ページに取り組んでいただく写真があります。モザイクのないコマを1コマ16秒、計32秒見てください。どちらのコマからスタートしても大丈夫です。
3. コマが大きくなりましたが、大きくなった1コマをザーッと見るのではなく、写っている一つひとつの物へ集中し、「行動への集中力」が高まっているのを感じながらトライしてみてください。
4. ページをめくると、次の見開きの右ページにその写真への質問がありますので、答えてください。
※ Day15 ～ Day21の答えはP71。
5. 徐々にモザイクのパターンも変化させていきますので、楽しんでください！

Day15

Day15

Question

Q1 鉢植えの植物が置かれた窓は何枚ありましたか？

Q2 上に数字の書いてある入り口が２つありました。
１つは「595」、もう１つは何番でしたか？

Q3 一番右上の窓の周りの壁は何色でしたか？

Day16

Day16

Question

Q1 帽子が1つだけ置いてありました。
どんな帽子でしたか？

1. ハンチング　2. ベレー帽
3. 麦わら帽子　4. ニット帽

Q2 棚に黄色の服がたたんで置いてありました。
何着ありましたか？

Q3 くつは全部で何足展示してありましたか？

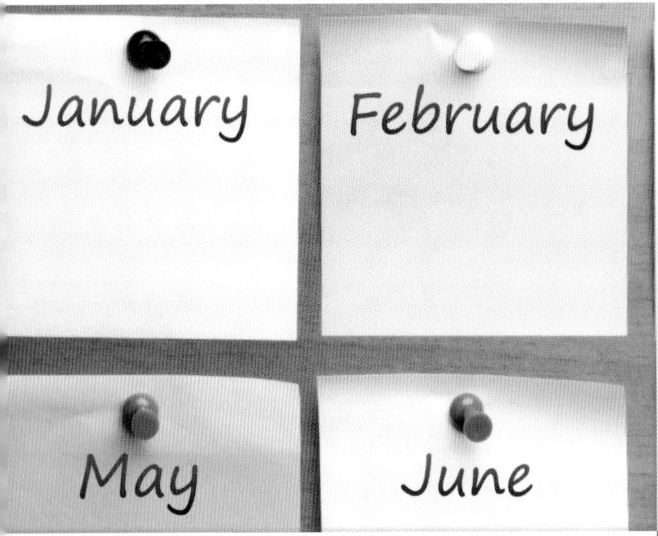

Day17

Day17

Question

Q1 一番左上の付箋には、何と書いてありましたか？

Q2 それぞれの英単語の文字は、
全て大文字でしたか、頭文字だけ大文字でしたか？

Q3 画びょうの色は３色ありました。
白と黒と何色でしたか？

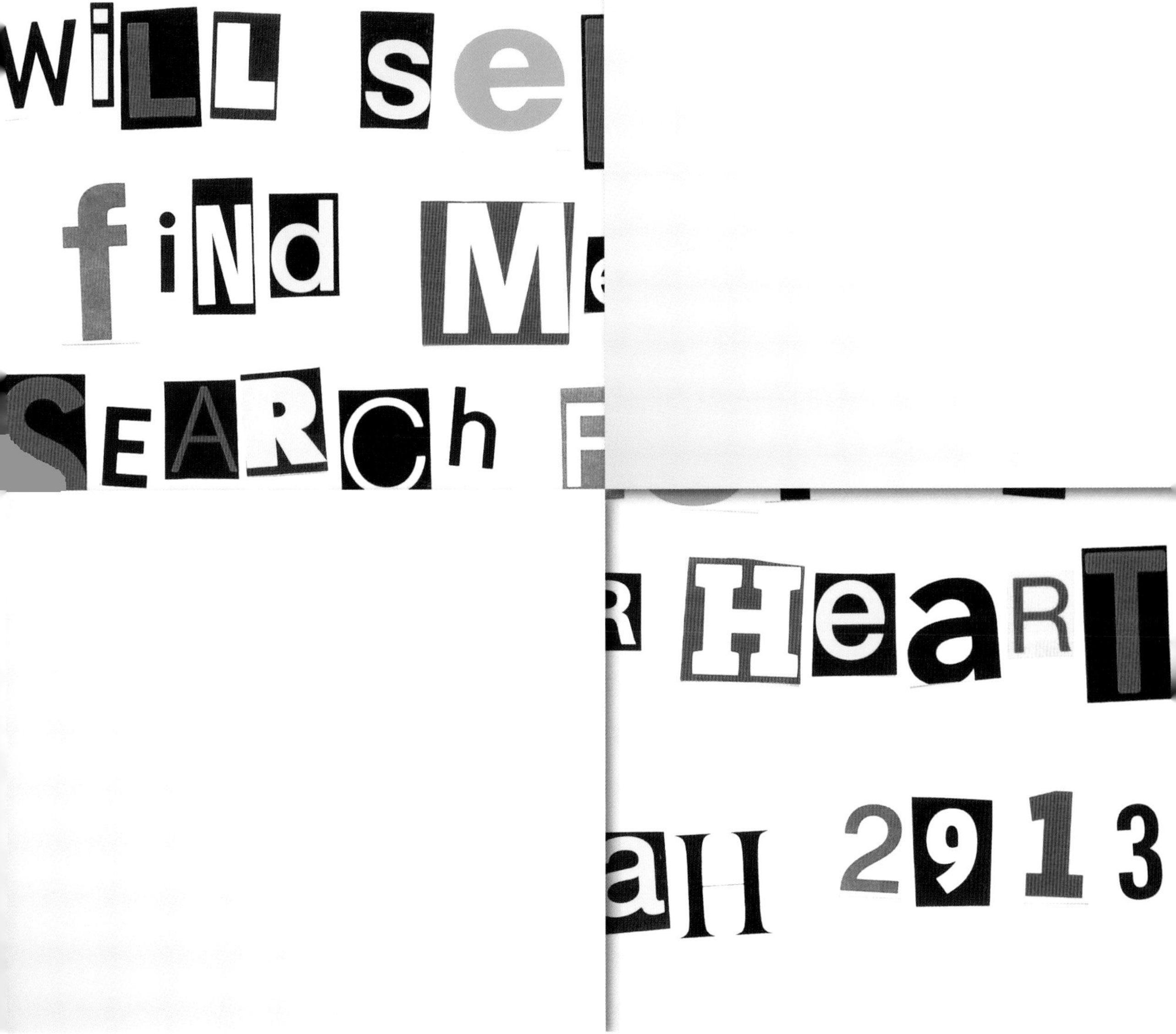

Day18

Day18

Question

Q1 数字がありましたが、何と書いてありましたか？

Q2 大文字の「T」が1つだけありました。
何地に何色の文字でしたか？

Q3 小文字の「f」が1つだけありました。
何色の文字でしたか？

Day19

Day19

Question

Q1 左上の缶に入っているペンキの色は、何色ですか？

Q2 赤い柄の刷毛《ハケ》は何本ありましたか？

Q3 ペンキや刷毛が置いてある机の木目の流れは
どれでしたか？

1. 左上から右下　　2. 左下から右上
3. 上下　　4. 左右

Day20

Day20

Question

Q1 閉じているロッカーで、
1つだけ扉がピンクのロッカーがありました。
何番のロッカーでしたか？

Q2 1つだけ開いていたロッカーがあります。何番ですか？

Q3 右上の「107」の、右隣のロッカーの扉は何色？

廃番
となります
この姓名は
廃番
となります
榎並
0808
0826
0827

野口
0851
尾上
0870
織田
0892

Day21

Question

Q1 「廃番」のシールは何枚貼ってありましたか？

Q2 写真1番右下の名前は何でしたか？
1. 尾上　2. 小木曽　3. 榎戸　4. 織田

Q3 次のうち、実際にあった名前はどれですか？
1. 遠藤　2. 小木　3. 尾崎　4. 岡島

3rd week［第3週］の答え

Day15

Q1 5枚

Q2 94

Q3 ピンク

Day16

Q1 3.麦わら帽子

Q2 2着

Q3 3足

Day17

Q1 January

Q2 頭文字だけ大文字

Q3 青

Day18

Q1 2913

Q2 黒地に赤色

Q3 青

Day19

Q1 紫

Q2 2本

Q3 1.左上から右下

Day20

Q1 105

Q2 114

Q3 黄色

Day21

Q1 4枚

Q2 4.織田

Q3 2.小木

記憶力がよくなるすごい写真

4th week［第4週］

次の見開きの右ページ

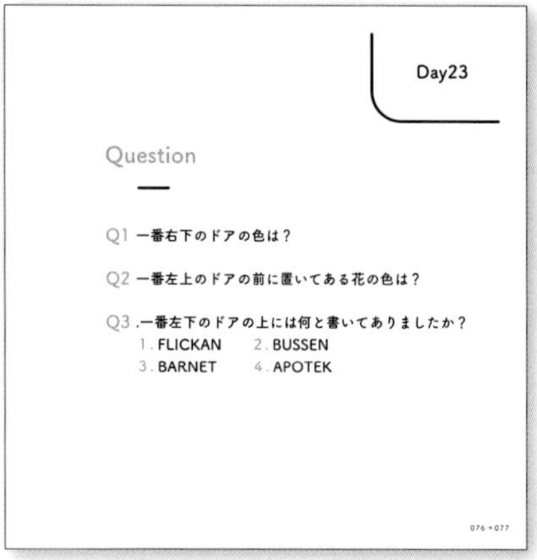
Day23

Question

Q1 一番右下のドアの色は？

Q2 一番左上のドアの前に置いてある花の色は？

Q3 .一番左下のドアの上には何と書いてありましたか？
1. FLICKAN　2. BUSSEN
3. BARNET　4. APOTEK

076→077

ページをめくると

左ページ

Day22 ～ Day28のやり方

1. Day22 ～ Day28では、「4分割のみ」の写真に取り組んでいただきます。
2. 左ページに取り組んでいただく写真があります。細い線で区切ったコマを1コマ8秒、計32秒見てください。どのコマからスタートしても大丈夫ですが、飛ばさないよう順序よく見てください。
3. コマが大きくなりましたが、大きくなった1コマをザーッと見るのではなく、写っている一つひとつの物へ集中し、「行動への集中力」が高まっているのを感じながらトライしてみてください。
4. ページをめくると、次の見開きの右ページにその写真への質問がありますので、答えてください。

※ Day22 ～ Day28の答えはP87。

79
71
72
79
76
78
70
75
78
77
77
72
77
73
70
76
75
70
79
78
71
74
75
74
73
79
70

Day22

Day22

Question

Q1 1つだけ大きなサイズの数字が写っていました。
何番ですか？

Q2 楕円《だえん》のプレートに書いてあった番号は何番ですか？

Q3 赤い文字の数字が1つだけありました。何番ですか？

Day23

Day23

Question

Q1 一番右下のドアの色は？

Q2 一番左上のドアの前に置いてある花の色は？

Q3 .一番左下のドアの上には何と書いてありましたか？

1. FLICKAN　　2. BUSSEN

3. BARNET　　4. APOTEK

076→077

Day24

Question

Q1 全部で何人写っていますか？

Q2 赤ワインを飲んでいたのは、どの位置の人ですか？

Q3 飲み物がなかったのは、どの位置の人ですか？

Day25

Day25

Question

Q1 一番左上の車列最後尾の乗り物は何でしたか？

1. 一般車　2. バス　3. バイク　4. トラック

Q2 右手前の男性が持っている、
エサの入ったバケツは何色でしたか？

Q3 エサやりコーナーの建物の屋根は、
何でできていましたか？

1. 金属　2. プラスチック（樹脂）
3. 木　4. 藁《わら》ぶき

Day26

Day26

Question

Q1 ラクダに乗っているのは、何人でしたか？

Q2 左上の空中に飛んでいたのは何でしたか？
1. 蝶　2. ヘリコプター　3. 鳥　4. 気球

Q3 ラクダに乗っている人の中で一番先頭の人の上着は何色？
1. 青　2. ピンク　3. 紫　4. 黒

Day27

Day27

Question

Q1 左手前の女の子の服の色は？

Q2 奥のコルクボードの前には、何人いましたか？

Q3 右の先生が手に持っていたペンの色は何ですか？

084→085

Hisamitsu
サロンパス
Taisei neon
UC
VISA
F21
FOREVER
STARBUCKS COFFEE
TSUTAYA
カラオケ

Day28

Day28

Question

Q1 有名なコーヒーショップがありましたが、
そのブランドは？

1. スターバックス
2. ドトール
3. UCC
4. コメダ珈琲

Q2 上部の広告塔で、青丸の中に入っている
アルファベット2文字は？

Q3 右下のこちらに向かって歩いている
マスクをした人の性別は？

4th week［第４週］の答え

Day22

Q1 70

Q2 79

Q3 76

Day23

Q1 緑

Q2 オレンジ

Q3 4.APOTEK

Day24

Q1 6人

Q2 右上

Q3 中央下

Day25

Q1 1.一般車

Q2 赤

Q3 4.藁ぶき

Day26

Q1 6人

Q2 3.鳥

Q3 3.紫

Day27

Q1 青

Q2 2人

Q3 青

Day28

Q1 1.スターバックス

Q2 UC

Q3 男性

さらに記憶力がよくなる秘訣①

人差し指だけで、物忘れが84%減少！
「指差しトレーニング」

電車の運転士さんが、「出発進行！」と人差し指を立てて元気な声を出しておられるのを、見たことはありますか？　あれは、気合を入れておられるのではないのですよ！　駅の端にある〝出発信号〟と呼ばれる信号を指差すことで、「信号を確認する」という「行動への集中力」を高めておられるのです。

これを指差呼称《しさこしょう》といい、脳のメカニズムとしてとてもよくできたものです。指を差すことで「視《み》」る対象を意識し、自分の出した声を自分の耳で「聞」き、なにより体を動かすことで身体感覚を刺激します。

安全人間工学の分野で有名な「フェーズ理論」では、人間の意識レベルを0からⅣの5段階に分類し、指差呼

称はこの中で脳の情報処理が速くこなせて効率が非常に高いフェーズⅢに属するとされています。実際、日本の国鉄（今のJRの前身）の研究では、なにもしなければ2・38％もあるミスが0・38％と、84％減少したという結果が出ています※。

鍵や携帯をどこに置いたか忘れてしまう人は、置くときに「鍵をげた箱の上に置いた」とつぶやきながら指差呼称してみましょう。傘を電車やカフェに忘れてしまう人は、席を立ったらクルッと振り向いて「忘れ物なし！」と指差呼称してみましょう。

でも、人前で指を差して声を出すのはちょっと恥ずかしいですよね。そちらを見て、指を差す動作をイメージしながら、心の中で「○○を□□に置いた」とつぶやいてみましょう。それだけでも効果絶大です！

※厚生労働省HP「職場のあんぜんサイト」より

さらに記憶力がよくなる秘訣②

紙とペンだけでお手軽に！

「漢字トレーニング」

私たちは子供の頃、漢字を繰り返して覚えるときに、「横、縦、横、横、斜め左……」と、1画1画を意識して書いていました。さらに、例えば、女という字を「くノ一（くのいち）」、男なら「田力（たぢから）」と言いながら、かたまりを意識した人もいるかもしれませんね。

漢字を繰り返し書くことで、いずれ考えなくても書けるようになります。この「体が覚えた」状態のことを、手続き記憶といいます。この記憶は大脳《だいのう》基底核《きていかく》や小脳というところに記憶され、一度覚えると考えなくても書けてしまいます。

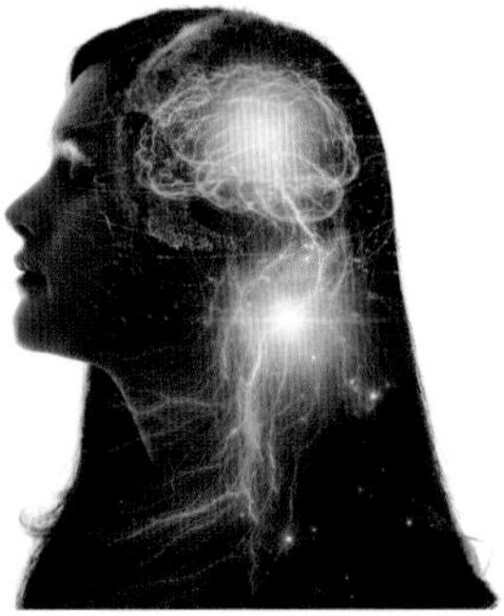

ですから、私たちが普段漢字を書くときは、文

字全体をかたまりで捉えてしまっています。まさに、P17の例題1でやった「分割されていない、全体をぼやっと見ている」状態です。

そこで、紙とペンを用意し、あえて子供の頃に漢字を覚えようとした状態、「横、縦、横、横、斜め左……」とつぶやきながら、1画1画に意識を向けて書いてみましょう！　「行動への集中力」を高めることができます。

実際に紙とペンを用意しなくても、「横、縦、横、横、斜め左……」と空書（指をペンに見立てて空中で文字を書く）をしてみるだけで、効果があります。

電車に乗っているときに中づり広告の文字を空書する。テレビを見ていて出てきた芸能人の名前を空書してみる……。その、ほんの5秒のトレーニングが、とても効果的ですよ！

さらに記憶力がよくなる秘訣③

実は効果絶大！「ブドウ糖」

脳は、体重の約2％の重さですが、体が消費するエネルギーの20～25％を消費します。さまざまな栄養の中でも、脳はブドウ糖（グルコース）を1日に150g、体全消費量の50～80％を消費します。

なぜこれだけ大量のブドウ糖を必要とするのか？　それは、脳は重要な器官のため、脳に入る血液は血液脳関門（Blood-Brain Barrier：BBB）という関所を通過します。その血液脳関門を通過できる数少ない栄養分がブドウ糖なのです。

ブドウ糖の不足は、そのまま脳のエネルギー不足となり、思考力低下、集中力の欠如、やる気が出ない、イライラするなど、さまざまな症状が起こります。これらの症状は、

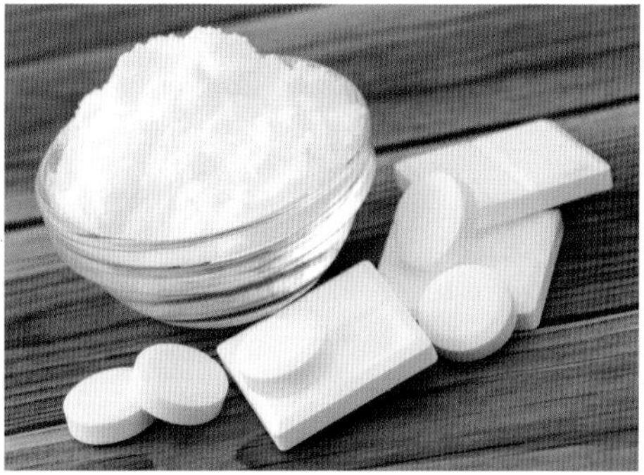

まさに、記憶しようとするときに必要な「行動への集中力」を妨げてしまう要因なのです。

ブドウ糖は白い粉末状の結晶ですが、最近はドラッグストアでキューブ状に個別包装された便利なものを見かけるようになりました。朝目覚めたときや、勉強・重要な仕事をする前に一粒食べると、脳の動きがよくなったと実感できるでしょう。

昔からおなじみのラムネでも、ブドウ糖を主成分としているものがあります。成分表示を見て、果糖や砂糖ではなく、ブドウ糖がどれだけあるかを確認してみてください。果糖を摂り過ぎると、糖代謝の悪化や中性脂肪の増加につながる恐れがあると言われていますので気を付けましょう。

1日たった1分！
「イメージ化トレーニング」

あなたは、学生時代の修学旅行はどこに行きましたか？ 色々出てきたかと思いますが、そのとき、「東京」や「京都」という地名の活字が浮かびましたか？ 違いますよね。〝東京タワー〟や〝清水寺〟など、景色が甦ったのではないでしょうか？

過去の思い出は、たいてい視覚情報で保管されていることに気づきましたか？ そう！ 脳が視覚情報で認識せず、単に文字だけで処理（理解や記憶）しようとすると記憶に残りにくいのです！

ですから、日ごろから、脳でイメージ＝視覚情報化する練習をしましょう。新聞やラジオ、友達との会話の中で見聞きした単語や短い文章を頭の中で思い浮かべましょう。記憶が残りやすい脳になっていきますよ！

参考文献

1) Potter, M. C., Staub, A., Rado, J., & O'Connor, D. H. (2002). Recognition memory for briefly presented pictures : The time course of rapid forgetting. *Journal of Experimental Psychology: Human Perception and Performance*, 28(5): 1163–1175（MIT：Massachusetts Institute of Technology の研究）.

2) Kozawa, R., Osugi, T. & Makino, Y. (2015). Memory decay for briefly presented pictures. The Japanese Journal of Cognitive Psychology 12(2):77–87.

3) Findlay, J. M. & Gilchrist, I. D.（2003）. *Active vision*. New York: Oxford University Press.

4) Henderson, J. M. & Ferreira, F.（2004）. *The Interface of Language, Vision, and Action*. New York: Psychology Press.

5) Intraub, H.（1980）. Presentation rate and the representation of briefly glimpsed pictures in memory. *Journal of Experimental Psychology: Human Learning and Memory*, 6, 1–12.

6) Latour, P.（1962）. Visual thresholds during eye movements. Vision Research, 2, 261–262.

7) Potter, M. C.（1975）. Meaning in visual search. Science, 187, 965–966.

8) Potter, M. C.（1976）. Short-term conceptual memory for pictures. *Journal of Experimental Psychology: Human Learning and Memory*, 2, 509–522.

9) Potter, M. C. & Levy, E. I.（1969）. Recognition memory for a rapid sequence of pictures. *Journal of Experimental Psychology*, 81, 10–15.

10) Potter, M. C. et al（2002）. supra note 2.

11) Potter, M. C., Staub, A., & O'Connor, D. H.（2004）. Pictorial and conceptual representation of glimpsed pictures. *Journal of Experimental Psychology: Human Perception and Performance*, 30, 478–489.

写真提供

Diego Grandi、Debbie Ann Powell、S-F、Nawadoln、Zvonimir Atletic、Thoreau、NataliyaBack、Anibal Trejo、Vastram、Evgeniy Kalinovskiy、Olena Tur、Mirelle、Nils Versemann、I1MON8、JeanLucIchard、demm28、Monkey Business Images、Christian Mueller、Pixel-Shot、FuzzBones、Margaret M Stewart、Sebastian Duda、Images By Kenny、Ned Snowman、defotoberg、Igor Plotnikov、Rawpixel.com、Cyrus_2000、OmMishra、Krakenimages.com、FiledIMAGE、sutadimages、PhotoSGH、Caycebilly/Shutterstock.com

著者略歴

吉野邦昭（よしの・くにあき）

記憶力インストラクター／脳力開発研究家

京都市生まれ。大学院で機械系工学を修了し、松下電器産業（現在のパナソニック）に入社。超一流大学出身者などエリートの一部の人達に伝わる記憶法を、小学１年生から91歳のお年寄りまで８万人に伝授。

「軽い認知症」と診断されていた50代女性がTOEIC800点レベルの英単語を次々に覚えられるようになる、人の顔を覚えられなかった70代男性がお客様の顔を覚えられるようになり、来店時に名前を呼ぶようになったらリピート客が増えたなど、記憶力の習得はもちろん、思考習慣や人生観まで影響を及ぼす「記憶の救世主」と慕われている。

老若男女「一人の落ちこぼれもつくらない」「記憶する楽しさと簡単さを、一人でも多くの人へ」というモットーを胸に、京都出身らしい優しさと関西人のオモシロさを併せ持つ講義は、元技術者らしく論理的で「まるで方程式を解くように明解」と好評。NHK『Rの法則』や『沼にハマってきいてみた』、フジテレビの『めざましテレビ』、文化放送、bayfmなどメディア出演多数。

１日《にち》１分《ぷん》見《み》るだけで
記《き》憶《おく》力《りょく》がよくなるすごい写真《しゃしん》

2021年８月12日　初版第1刷発行
2021年11月18日　初版第5刷発行

著　者　吉野邦昭

発行者　小川 淳

発行所　SBクリエイティブ株式会社
〒106-0032　東京都港区六本木2-4-5
電話：03-5549-1201（営業部）

装　丁　菊池 祐

本文デザイン・DTP　二ノ宮 匡（ニクスインク）

本文イラスト　村山宇希

編集担当　水早 將

印刷・製本　株式会社シナノパブリッシングプレス

本書をお読みになったご意見・ご感想を
下記URL、またはQRコードよりお寄せください。

https://isbn2.sbcr.jp/10005/

ISBN978-4-8156-1000-5